Le Maillot

original story by Jennifer Degenhardt

Translation and adaptation by Theresa Marrama

Revision and correction by Sophie Hade and Françoise Goodrow

Jaelynn Jessmer, student artist

For Matías. Your sweet act was the inspiration for this story.

Table des matières

ACKNOWLEDGEMENTS

This book is not possible without the proverbial village. An enormous gratitude to Terri Marrama who reached out to me and offered to translate and adapt the story for French, keeping the desire to bring awareness to an African culture. Terri is as lovely and enthusiastic to work with as she is talented with regards to language.

Thank you, too, to Sophie Hade and Françoise Goodrow, two women I've yet to meet, either, but who lent their native-language eyes for readability of the book. And thanks also to Susan Mason, French teacher, and more importantly a friend, who gave the manuscript a last look for final edits. I am grateful to all of them for the help, and you will be, too, as my high school French was just not going to suffice for editing purposes. Merci beaucoup.

And thank you, finally, to Jaelynn Jessmer, a student of Ms. Marrama's, who brings the story to life with her beautiful art.

Chapitre 1

Il y a un garçon qui s'appelle Mathieu. Il a 7 ans. Il habite dans une maison avec sa famille: sa mère, son père et sa soeur. La famille a une maison avec trois chambres, une cuisine, un salon et deux salles de bains. La maison bleue n'est pas grande, mais elle est parfaite.

La famille est intéressante. La mère est des États-Unis et le père est originaire de la Côte d'Ivoire. La famille habite dans la ville de New York et parle français.

Mathieu est un garçon très actif. Il fait beaucoup de sports, mais le football est son sport favori. Tous les jours Mathieu s'entraîne avec un ballon de football. Mathieu regarde aussi beaucoup de vidéos de football sur l'iPad. Il regarde les vidéos de football de la Ligue 1 et le football professionnel de France. Mathieu aime beaucoup le sport.

Mathieu est un garçon heureux. Il regarde les vidéos de toutes les équipes de la Ligue 1, mais il a une équipe favorite: Paris Saint-Germain. C'est l'équipe la plus importante dans la ville de Paris en France. Les personnes dans l'équipe jouent très bien. Un joueur important est Kylian Mbappé. Il est excellent. Sa position est avant. Dans un match, il a souvent le ballon de foot parce qu'il est très bon.

Dans l'équipe de Paris Saint-Germain en France, Kylian Mbappé est numéro 29. Il joue au football pour l'équipe nationale de France parce qu'il est de la France. Son maillot pour l'équipe nationale est le numéro 12. Pour Mathieu, Mbappé est numéro 1, mais sur le maillot pour l'équipe de Paris Saint-Germain, Mbappé est le numéro 29.

Mathieu est un garçon actif. Il s'entraîne au football et il a beaucoup d'uniformes d'équipes professionnelles. Il a les tee-shirts, les shorts et les chaussettes. Un uniforme est bleu avec bordeaux. C'est l'uniforme de Kylian Mbappé de l'équipe Paris Saint- Germain. Un autre uniforme est orange. C'est l'uniforme de Didier Drogba. L'uniforme a le nom Drogba. Mathieu aime mieux les uniformes de Paris Saint-Germain!

Pour Mathieu l'uniforme le plus spécial est l'uniforme régulier de Paris Saint-Germain. Le maillot est bleu et bordeaux avec les numéros blancs. Les shorts sont bleus et les chaussettes sont bleues aussi.

Quand c'est possible, Mathieu porte l'uniforme. Mathieu a un plan de porter l'uniforme pour le voyage à la Côte d'Ivoire dans un mois. Un jour, il parle à sa maman:

–Maman, où est mon maillot de Mbappé? –demande Mathieu.

–Il n'est pas dans la maison. Il est trop petit pour toi- répond sa maman.

–Mais, maman, j'ai besoin du maillot pour la Côte d'Ivoire.

–Je suis désolée. Le maillot est à Goodwill.

Mathieu n'est pas content. Mathieu a besoin d'un maillot pour voyager. C'est son maillot favori.

Chapitre 2

Jean a 6 ans. Il habite dans un petit village près de l'océan Atlantique nord. L'océan Atlantique nord est au sud de la Côte d'Ivoire. Le village s'appelle Assinie. Ce n'est pas grand. C'est un petit village.

À Assinie il y a quatre restaurants, une église, des écoles et des maisons. Assinie n'a pas beaucoup d'argent mais c'est un village très heureux. Les personnes travaillent beaucoup et les enfants étudient à l'école. Beaucoup de touristes aiment visiter Assinie pour aller à l'océan.

Quelques personnes à Assinie parlent deux langues. Dans beaucoup de villages près de l'océan Atlantique nord et en Côte d'Ivoire il y a des personnes indigènes. Les personnes parlent le dioula[1] et le français aussi. Il y a beaucoup de langues indigènes en Côte d'Ivoire. Une langue qu'on parle est le dioula.

Jean parle le dioula parce que ses parents parlent dioula. Il parle dioula à la maison, mais il étudie le français à l'école.

---

[1] A Mande language spoken in Burkina Faso, Ivory Coast and Mali.

C'est le mois d'août et c'est un jour d'école. La maman de Jean parle à son fils en dioula et en français.

–*I ni sogoma*, Jean! (Bonjour, Jean!)

–*I ni sogoma*, (Bonjour) –dit Jean.

–Voici ton t-shirt pour l'école –dit la maman en français.

–Merci maman.

Le t-shirt de Jean est vert à l'image de Sponge Bob. Le t-shirt est des États-Unis. C'est un t-shirt d'occasion. Sponge Bob n'est pas populaire en Côte d'Ivoire, mais le t-shirt est en bon état. Jean a un t-shirt vert et un short noir. Il n'a pas de chaussures. Beaucoup d'enfants à Assinie n'ont pas de chaussures. C'est normal.

Jean est un garçon heureux. Il a beaucoup d'amis à Assinie. Il étudie avec ses amis à l'école. Tous ses amis ont des vêtements américains. Les vêtements sont très populaires parce qu'il sont bon marché.

Ce matin Jean marche à l'école avec sa maman.

Chapitre 3

–Mathieu –crie le papa. –Tu as entraînement de football aujourd'hui. As-tu les chaussures?

–Oui, papa. Il y a un match aujourd'hui ou seulement entraînement? –demande Mathieu.

–Seulement entraînement, fils. Le match est samedi.

–D'accord.

Mathieu a beaucoup d'activités. Il s'entraîne souvent au football, il s'entraîne aussi au lacrosse. Et il pratique le piano aussi. Mathieu aime beaucoup la musique. Le football est son activité favorite, mais il aime aussi la musique.

Dans deux semaines Mathieu et sa famille vont aller en Côte d'Ivoire. La famille va au pays pour rendre visite à leur grand-mère. Mathieu aime visiter la Côte d'Ivoire parce qu'il aime parler français.

*****

Mathieu se prépare pour l'entraînement de football, mais aussi il se prépare pour le voyage en Côte d'Ivoire. La famille va à la ville de Abidjan. A Abidjan Mathieu aime visiter les marchés. La famille va aussi à Man. La famille aime visiter les cascades et une forêt pour voir les singes à Man.

Dans la voiture en direction de l'entraînement de football, Mathieu parle à son papa:

–Papa, en Côte d'Ivoire je veux manger au restaurant Saakan et Chez Hélène.

–C'est bien, Mathieu. Nous mangeons souvent dans ces restaurants.

Saakan est un restaurant ivoirien sur l'avenue Chardy. Le Saakan est très populaire à Abidjan. Chez Hélène est un restaurant africain.

−Papa, je veux aller à l'océan aussi −dit Mathieu.

−Bien sûr, fils. Nous allons à l'océan. Nous allons à l'océan tous les ans.

Mathieu prend le ballon de football et l'uniforme rouge de son équipe et va à l'entraînement de football avec son papa.

Chapitre 4

Aujourd'hui il fait beau à Assinie. Il fait frais, mais il fait du soleil aussi. Ce matin, il y a beaucoup de nuages.

Jean est dans sa petite maison avec ses parents sa tante et ses cousins. Toute la famille habite ensemble. La mère de Jean lui parle:

–Jean, tu as besoin de rentrer à la maison après l'école. Ta tante prépare le déjeuner pour toi. Papa et moi, nous avons besoin de travailler.

–D'accord maman. Papa est à l'hôtel maintenant? –demande Jean.

–Oui, mon amour. Ton papa travaille maintenant.

La mère de Jean marche près de l'océan pour aller à l'hôtel. L'hôtel s'appelle L'Hôtel Océan et est près d'Assinie et de l'océan. La mère et le père de Jean travaillent à l'hôtel. Sa mère est serveuse. Elle apporte la nourriture aux gens qui visitent l'hôtel. Beaucoup de gens de beaucoup de parties du monde visitent l'hôtel. Le père de Jean travaille au quai de l'hôtel. Le quai est près de l'océan. Les bateaux et les taxis aquatiques arrivent au quai. Le père de Jean aide les gens avec les valises. Son papa décharge aussi les produits des bateaux qui arrivent des autres villes.

La tante de Jean lui parle:

–Jean, tu as besoin de ces matériaux pour l'école.

–Tatie[2], j'ai tout ici –répond Jean en français.

Ce matin Jean a beaucoup de questions.

–Tatie, il y a un match de football aujourd'hui à la télévision? Je veux le regarder.

–Je ne sais pas.

–Tatie, tu connais Mbappé, le joueur de Paris Saint-Germain?

–Non, je ne le connais pas.

Jean dit   -Je veux jouer comme lui. Est-ce possible d'apporter le ballon de foot à l'école aujourd'hui?

---

[2] Auntie

–Oui, Jean. C'est bon -dit sa tante.

Le "ballon de foot" n'est pas réel. Le "ballon de foot" est en papier et en scotch. La famille n'a pas d'argent pour un ballon de foot. Jean prend le ballon de foot pour l'utiliser à l'école. Ce n'est pas bon, mais c'est suffisant. Il marche à l'école avec sa tante et ses deux cousins. La maison est près de l'école et ils arrivent à l'école en quelques minutes.

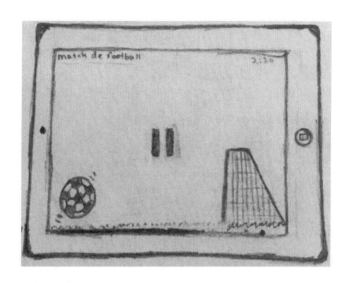

Chapitre 5

Le jour pour aller en Côte d'Ivoire arrive enfin. Mathieu décide de porter l'uniforme orange de Drogba. Ce n'est pas son favori. L'uniforme de Mbappé est son favori, mais il ne l'a pas. La mère de Mathieu dit que l'uniforme est à Goodwill. L'uniforme d'occasion est prêt pour une autre personne.

Mathieu aime voyager avec son sac à dos rouge, il marche partout dans l'aéroport à New York. Mathieu voit beaucoup de gens. Il y a des européens, il y a des gens d'Asie. Il y a beaucoup d'action dans l'aéroport.

Mathieu aime voyager en Côte d'Ivoire parce qu'il aime pratiquer le français, mais le voyage en Côte d'Ivoire est très long. Mathieu se repose dans l'avion. Il utilise aussi l'iPad pour regarder les vidéos de son équipe favorite, Paris Saint-Germain. Mathieu étudie les vidéos parce qu'il veut bien jouer.

–Maman, je regarde un match de Paris Saint-Germain. Mbappé et Neymar jouent très bien.

–Excellent, Mathieu. Tu ne peux pas regarder une autre vidéo parce que tu as besoin de lire ton livre -dit sa maman.

–D'accord Maman. Mais je n'aime pas lire. Je veux jouer au football professionnel. Je n'ai pas besoin de lire.

La maman de Mathieu ne répond pas. Ce n'est pas nécessaire. Mathieu ferme l'iPad et il sort son livre pour lire.

*****

La famille arrive à l'aéroport international, Port Bouet dans la capitale de la Côte d'Ivoire. La capitale s'appelle Abidjan. Mathieu et sa soeur parlent beaucoup quand ils descendent de l'avion.

–Sophie, veux-tu aller au marché? –demande Mathieu.

–Bien sûr. Je veux aussi aller au marché dimanche. J'aime regarder les gens.

–Oui! Il y a beaucoup de gens le dimanche. Là, ils vendent beaucoup de jouets pour les enfants. Je veux acheter un ballon de foot -dit Mathieu.

–Et un autre jour, nous allons aller aux cascades de Man –dit Sophie.

–Non, Sophie. Ce n'est pas possible d'aller aux cascades.

–Oui, Mathieu. Maman dit que c'est possible.

La discussion continue quelques minutes de plus. Mathieu et sa famille prennent un taxi pour aller à la ville de Man. Man est une ville qui a une forêt, des cascades et des montagnes.

Dans le taxi, les deux enfants parlent de beaucoup de lieux à Man. La dent de Man est une montagne qui ressemble à une dent. En haut de la montagne il y a une vue spectaculaire de la ville de Man. La forêt est une autre attraction. Beaucoup de touristes visitent cette forêt pour voir des singes, des libellules colorées et des papillons colorés.

Aussi, Sophie et Mathieu parlent des expériences au marché. Beaucoup d'Ivoiriens arrivent au marché le dimanche pour marcher. Ils mangent de la glace, ils regardent les autres gens et ils écoutent de la musique Zouglou[3]. À Man il y a beaucoup d'activités. C'est une ville heureuse.

---

[3] Zouglou is a dance oriented style of music originated from Côte d'Ivoire during the mid-1990s.

Chapitre 6

La maman de Jean marche à l'hôtel. L'Hôtel L'Océan est à seulement cinq minutes de sa maison. Le chemin est très court et c'est beau. La maman regarde l'océan Atlantique. Le matin, l'eau est grise, mais l'après-midi c'est turquoise. L'océan est beau.

Sur le chemin vers l'hôtel, la maman de Jean regarde les voisins. Deux femmes marchent vers l'océan avec de la nourriture dans des paniers sur la tête. Elles portent des pagnes[4]. Les pagnes sont les vêtements normaux des femmes indigènes en Côte d'Ivoire. Toutes les femmes qui habitent dans les villages portent d'habitude des pagnes.

La maman regarde aussi des hommes. Les hommes travaillent sur les plantations. Ils travaillent pour produire des ananas ou du cacao. Partout dans le monde, beaucoup de cacao vient de la Côte d'Ivoire. La maman de Jean salue les hommes en dioula.

–*I ni sogoma* (Bonjour).

---

[4] Traditional, brightly colored dresses worn by women, most commonly in the rural areas, often with matching head scarves.

–I ni sogoma -répondent les hommes. *I ka kènè wa?* (Comment ça va?)

   –N'ka kènè kosobè! (Ça va très bien!) *I ka kènè wa?*
   –N'ka kènè kosobè!

Sur le chemin vers l'hôtel, la maman de Jean pense à son fils. Jean aime le football. Il s'entraîne tous les jours à la maison et à l'école. Et quand il y a un match à la télévision, il regarde avec beaucoup d'intérêt. Son équipe favorite est une équipe de France, l'équipe de Paris. Il aime les couleurs de l'uniforme. Jean a beaucoup de joueurs favoris dans l'équipe: Mbappé bien sur et Neymar.

Un jour, dans une conversation, Jean et sa maman parlent de son anniversaire.

–Maman, mon anniversaire est dans deux semaines.

–Oui, Jean. Nous allons célébrer - dit sa maman.

–Je voudrais un maillot de football. S'il te plaît!

–C'est possible, Jean.

La situation économique pour beaucoup de familles en Côte d'Ivoire est très difficile. Il n'y a pas beaucoup d'argent en surplus. La maman de Jean est triste. Elle veut acheter un cadeau spécial mais il n'y a pas d'argent.

Sa maman marche vers l'hôtel et entre dans le restaurant. Elle a besoin de travailler toute la journée.

Chapitre 7

Mathieu parle français avec sa famille, mais il veut apprendre plus. Quand ils sont à Man, Mathieu et sa soeur étudient le français dans une école. Il a des cours en petits groupes ou des cours particuliers. Dans la classe, Mathieu apprend à lire. Le français est facile pour Mathieu. Mathieu a une prononciation excellente. La prof est très fière de lui.

–Mathieu, tu as appris beaucoup de français cette semaine. Je suis contente -dit la prof.

–Merci, professeure Kone. J'aime aussi étudier le français -répond Mathieu.

–Alors, continue à étudier, lis plus. Tu peux lire les panneaux avec les grands mots. Ils sont faciles à lire -dit la prof.

–C'est bien, madame la professeure. Je vais pratiquer -dit Mathieu.

*****

La famille va en voiture à la côte pour rendre visite à leur grand-mère à Aboisso. En une semaine

Mathieu a appris plus de français. Maintenant il lit très bien. Il lit tous les panneaux qu'il voit dans la rue et dans les restaurants. Il lit tout le temps à haute voix.

–La bibliothèque. Le restaurant. La pharmacie. Les musées. L'hôtel. -dit Mathieu. Mathieu prononce le "h" comme en anglais.

–Mathieu, en français, on ne prononce pas le "h." Le mot se dit "otel" -explique sa maman.

–Mais c'est le mot "hotel" en anglais -dit Mathieu.

–Oui, mon amour. Il y a beaucoup de mots qui sont les mêmes ou qui se ressemblent en anglais et en français -dit sa maman.

–Oh. D'accord.

Mathieu lit un autre panneau. Ce n'est pas un panneau officiel, mais il dit: "Ouvrez le ballot ici." Mathieu le lit à voix haute.

–Papa, qu'est-ce que c'est "un ballot"? -demande Mathieu.

–Un ballot est une énorme quantité de vêtements qui arrivent en Côte d'Ivoire en provenance du Royaume-Uni ou des États-Unis -dit son papa.

–Ce sont des nouveaux vêtements? -demande Mathieu.

–Non. Ce sont des vêtements d'occasion. Ce sont des vêtements que nous apportons à Goodwill et aux autres organisations semblables Les vêtements d'occasion sont très populaires ici en Côte d'Ivoire.

–Pourquoi est-ce qu'on vend des vêtements dans la rue?

Dans ce cas les gens achètent des vêtements d'occasion Les gens revendent des vêtements pour gagner de l'argent.

–C'est une entreprise informelle pour personnes en Côte d'Ivoire. Elles achètent des ballots de vêtements et les revendent.

Mathieu a beaucoup de questions: Qu'est-ce qu'une entreprise informelle? Elles gagnent beaucoup d'argent? Qu'est-ce qui se passe avec les vêtements qu'elles ne vendent pas?

Le papa de Mathieu explique qu'une entreprise informelle est comme un "yard sale" aux États-Unis. Des gens vendent et d'autres gens achètent. Son papa ne sait pas ce qui se passe avec les vêtements en surplus.

–Papa, est-ce que mon maillot de Mbappé est dans un ballot?

–Je ne sais pas. C'est possible.

La famille continue sur le chemin vers la côte. Ils sont dans la région du Sud-Comoé. Une région en Côte d'Ivoire est comme un état aux États-Unis.

Dans la voiture la famille passe par beaucoup de petits villages. Ils voient des petites maisons et beaucoup d'églises. Ils voient aussi des gens qui marchent dans les rues. Il fait très chaud et les gens transpirent. Le climat est très différent du climat à Man.

Mathieu lit d'autres panneaux.

Chapitre 8

C'est une journée ordinaire pour la famille de Jean. Les parents marchent à l'hôtel pour travailler et Jean marche à l'école avec sa tante et ses cousins.

L'hôtel n'est pas grand. C'est un petit hôtel avec dix chambres. L'hôtel est sur la plage; il y a une réception et un restaurant dans l'hôtel.

Les parents de Jean arrivent au restaurant et saluent Berko, le patron de l'hôtel.

–Bonjour –disent-ils.

–Bonjour, Nia et Kanye. Comment allez-vous?
–demande Berko.

–Bien, merci. Comment va ton entreprise avec les ballots? -demande Kanye.

Kanye sait que Berko a une autre entreprise avec des vêtements américains. Son entreprise est à Grand Bassam, un village près d'Abidjan et d'Assinie.

–Ça va bien, merci. Nous avons un nouveau ballot -explique Berko.

–Oui? As-tu un maillot de Mbappé? –demande Kanye, mais pas sérieusement.

–Incroyable. Oui, nous en avons un. Tu le veux? -demande Berko.

Nia répond immédiatement. –Oui, Berko. S'il te plaît. C'est l'anniversaire de Jean dans six jours et il parle beaucoup d'un maillot.

–C'est bien. Je peux l'apporter demain.

Pendant la journée Nia est très contente. Elle veut acheter le maillot pour Jean. Le problème est qu'elle n'a pas d'argent. Elle a besoin d'un plan...

Kanye pense au maillot aussi. Il veut acheter le maillot pour Jean, mais il n'a pas de franc CFA. C'est un problème. Mais il n'a pas le temps de penser au problème. Le bateau arrive et les gens passent la nuit à l'hôtel. Kanye a besoin d'aider les gens avec les valises.

Dans le bateau il y a aussi beaucoup de produits pour l'hôtel. Il y a des boites de légumes, des sodas, des bouteilles d'eau et un grand sac de bananes plantain. L'hôtel sert beaucoup de bananes plantain parce que c'est une nourriture traditionnelle en Côte d'Ivoire.

Kanye apporte les bouteilles au restaurant. Marcher sur la plage avec les bouteilles d'eau est très difficile. Quand il arrive au restaurant, Nia lui parle:

–Kanye. J'ai de bonnes nouvelles. Regarde ces vêtements. Une femme des États-Unis me les a donnés parce qu'elle n'en a pas besoin.

–Bien, Nia. Mais qu'est-ce que tu vas faire avec les vêtements? –demande Kanye.

–Je vais les vendre au marché à Grand Bassam demain. Avec l'argent je peux acheter le maillot pour Jean –explique Nia.

–Bonne idée, Nia.

Le problème a une solution. Kanye et Nia sont très contents. Jean va recevoir un nouveau maillot: le maillot spécial de Mbappé, son joueur favori.

Chapitre 9

–Mathieu, où est ton sac à dos? Ta soeur est prête. Nous partons dans dix minutes –dit sa maman.

–Maman, j'ai mon sac à dos. J'ai des vêtements pour deux jours: deux uniformes, des sous-vêtements, des chaussettes, des pyjamas et un sweat-shirt. C'est bien? –demande Mathieu.

–Excellent. Tu vas aussi apporter le ballon de foot pour s'entraîner au football?

–Bien sûr, maman. J'ai encore besoin de s'entraîner -dit Mathieu.

La famille va aller à Assinie en voiture. L'océan est dans la région du Sud-Comoé en Côte d'Ivoire. L'océan est très beau et a beaucoup d'histoire. Le voyage au village d'Assinie est une heure en voiture. Il y a beaucoup de circulation. Sur le chemin, Mathieu lit les panneaux encore une fois.

Mathieu voit aussi beaucoup de la Côte d'Ivoire. La Côte d'Ivoire n'est pas un pays riche en terme d'argent, mais c'est un pays riche en histoire et en culture. Par la fenêtre de la voiture, Mathieu voit beaucoup de gens. Les gens travaillent dans des magasins. Ils travaillent en construction et ils travaillent aussi dans des champs. La Côte d'Ivoire a beaucoup d'agriculture. Les produits les plus importants sont le cacao, le café et les haricots. Un autre produit important est la banane. C'est important parce que les personnes utilisent la banane pour faire des bananes frites (Alloco[5]). L'Alloco est important pour les Ivoiriens.

Enfin, la famille arrive au village d'Assinie à l'est d'Abidjan.

Mathieu et sa famille descendent de la voiture et marchent vers le quai. Au quai il y a des bateaux, autrement dit, des taxis aquatiques. Les bateaux arrivent aux différents villages au bord de l'océan. Mathieu aime beaucoup aller en bateau. Mathieu est toujours à l'avant du bateau pour tout voir.

Mathieu court au quai. Visiter l'Hôtel L'Océan est sa partie favorite du voyage en Côte d'Ivoire. Il est très excité et content.

---

[5] A popular West African snack made from fried plantain, often served with chili pepper and onions.

–Allons-y Sophie! –crie Mathieu.

Sophie est plus agée que Mathieu. Elle a 9 ans. Elle ne court pas.

Le papa de Mathieu paie le conducteur du bateau. Il y a beaucoup de gens sur le bateau, des touristes et des locaux. Il y a aussi beaucoup de produits. Les bateaux vont à chaque hôtel au bord de l'océan. C'est un système intéressant. Il n'y a pas beaucoup de vent alors il n'y a pas beaucoup de vagues. Mais c'est différent sur l'océan l'après-midi. Chaque jour il y a beaucoup de vent l'après-midi.

Mathieu et Sophie regardent la vue. La vue près de l'océan est incroyable. La vue est belle. Ils aiment regarder la vue.

Cinq minutes plus tard, la famille arrive au quai de l'Hôtel L'Océan. Mathieu saute du bateau immédiatement pour aller à la réception de l'hôtel.

Chapitre 10

–*Ba* (maman), regarde. J'ai un maillot de Mbappé.

La maman de Jean est très occupée ce matin, mais elle regarde son fils. Jean a un "maillot" mais en réalité c'est un sac de plastique. Il ressemble à l'uniforme national de France en bleu. Il y a aussi le numéro 12 en blanc.

–Très bien, Jean. J'aime ton maillot. Tu vas le porter à l'école aujourd'hui?

La maman de Jean n'écoute pas la réponse. Elle a beaucoup de travail. Elle a besoin de vendre des vêtements d'occasion au marché. Elle veut acheter le maillot pour son fils. Elle met les vêtements dans un grand sac pour aller à Grand Bassam. Elle vend les vêtements au marché. Elle veut gagner l'argent pour acheter le maillot de l'équipe de France avec le nom de Mbappé.

*****

Jean marche à l'école. Il porte l'uniforme parce qu'il va jouer au football pendant la récréation. Tous les garçons et une fille aussi, jouent au football sur le terrain de football à côté de l'école.

L'école à Assinie est très petite. Dans l'école il y a seulement 80 étudiants. Les étudiants ont de 5 à 12 ans. L'école a des classes de la 1ère à la 6e année. Il n'y a pas de classes à Assinie après la classe 6e. Les étudiants doivent aller à l'école dans un autre village.

Les profs saluent les étudiants quand ils arrivent à l'école.

–*I ni sógóma.* Bonjour.

Les profs parlent dioula et français toute la journée. D'habitude les enfants parlent seulement dioula à la maison et apprennent le français à l'école. Jean et son cousin saluent les profs:

–*I ni sógóma*.

–Bonjour –dit le prof en français. –Répétez "Bonjour".

–Bonjour –disent les enfants.

Le matin Jean et les autres étudiants apprennent les mathématiques et la géographie en français. Les étudiants pratiquent aussi à lire et à écrire. C'est beaucoup de travail, mais ils sont contents. Les étudiants de Assinie sont toujours contents.

À 10h00 c'est l'heure de la récréation et du goûter. Jean et ses amis veulent sortir de l'école pour jouer au football sur le terrain de football. Ils prennent le ballon et ils vont au terrain de football. Le ballon de football qu'ils utilisent est en papier et en scotch. Ce n'est pas grave. Le ballon de football fonctionne bien. Les enfants ont joué une demie heure quand le prof crie:

–Étudions!

Ils entrent dans l'école. Ils sont fatigués mais très contents.

*****

La maman de Jean passe une bonne journée au marché. Elle vend beaucoup de vêtements et elle gagne suffisamment d'argent pour acheter le maillot. Elle a beaucoup de chance. Elle va acheter le maillot. À la fin de la journée elle prend le bateau pour aller à l'Hôtel L'Océan. Berko est là avec le maillot.

Elle arrive au quai très contente. Elle descend du bateau pour voir Berko dans la réception.

–Bon après-midi, Berko –dit Nia.

–Bonjour. Comment ça va? –demande Berko.

–Je vais très bien, merci. J'ai l'argent pour le maillot.

–Très bien, le voilà –dit Berko.

Berko sort le maillot du sac en plastique. Le sac ressemble au sac que Jean utilise comme uniforme de Mbappé.

La maman de Jean prend le maillot. C'est incroyable! C'est un maillot officiel de l'équipe de Paris Saint-Germain: il est bleu et bordeaux avec des grands numéros en blancs. Et, bien sûr, le maillot a le nom "Mbappé" au dos. Aussi, près du col du maillot il y a les lettres M.A.S. La maman de Jean ne comprend pas pourquoi le maillot a les lettres, mais ce n'est pas important. Elle est super contente parce qu'elle a un cadeau pour son fils.

Chapitre 11

C'est mardi. Mathieu et sa famille passent une autre journée à l'Hôtel L'Océan. D'habitude Mathieu aime courir tout le temps mais il n'y a pas d'espace dans l'Hôtel L'Océan. Ce n'est pas important. Mathieu est très content dans l'hôtel. Il parle aux serveurs et aux serveuses. Il parle aux employés aussi. Il est content parce qu'il explore beaucoup.

Il entre à la réception et il voit les parents de Jean. Ils travaillent. Ils organisent la salle pour le dîner. Mathieu dit:

–Bonjour, je m'appelle Mathieu –il dit. Mathieu veut pratiquer le français.

–Bonjour, comment ça va? –demande la maman de Jean.

–Ça va très bien –répond Mathieu.

Mathieu porte un autre uniforme aujourd'hui. C'est l'uniforme de Drogba. Le maillot est très beau. Le maillot est de couleur **rouge avec des grands numéros en blancs**. Bien sûr, le maillot a le nom "Drogba" au dos du maillot.

–Mathieu, tu aimes le football? –demande le papa de Jean.

–Oui, bien sûr! –répond Mathieu.

–J'aime ton uniforme. C'est ton équipe favorite? –demande le papa de Jean.

–Non, j'aime Drogba, mais il ne joue pas avec Paris Saint-Germain. Paris Saint-Germain est mon équipe favorite.

–Oh, mon fils aime aussi Paris Saint-Germain. Qui est ton joueur favori?

–Mbappé. Bien sûr. Il est le meilleur joueur de la Ligue 1 –dit Mathieu.

–Intéressant. Mon fils aime aussi Mbappé.

–Comment s'appelle votre fils? –demande Mathieu.

–Il s'appelle Jean. Son anniversaire est jeudi. Nous avons acheté un maillot de Mbappé pour son anniversaire, c'est une surprise.

–Très bien. J'avais[6] un maillot de Mbappé mais ma maman l'a apporté à Goodwill. Je ne l'ai plus maintenant.

–Quel dommage.

–C'est vrai. J'ai trois uniformes mais Mbappé est mon favori.

La maman de Mathieu entre à la réception en regardant son fils.

–Mathieu, qu'est-ce que tu fais?

---

[6] I had

–Je parle à Nia. Nous parlons de football –dit Mathieu.

Avec une sourire sa maman répond, –Quelle surprise!

Pendant les trois jours que la famille de Mathieu passe à l'Hôtel L'Océan, ils parlent beaucoup avec Nia et Kanye. Ils sont très sympathiques. Les parents de Mathieu et les parents de Jean parlent beaucoup de la vie en Côte d'Ivoire, de la région du Sud-Comoé et d'Assinie. Nia invite la famille à sa maison pour célébrer l'anniversaire de Jean.

–Je voudrais vous inviter à ma maison. Nous allons dîner à 19h00 pour célébrer l'anniversaire de Jean. Voulez-vous venir?

La maman de Mathieu répond immédiatement.

–Oui. Nous aimerions venir. Merci.

*****

L'après-midi, Nia et Kanye partent du travail et marchent à la maison pour préparer le dîner spécial. Nia parle à Jean.

–Jean, nous avons invité quelques amis pour célébrer avec nous ce soir -dit Nia.

–Qui? -demande Jean.

–Une famille. Une maman, un papa, une fille et un fils. Le fils s'appelle Mathieu. Il a 7 ans. Il aime aussi le football.

–Très bien, maman –dit Jean.

Chapitre 12

Avant d'aller à la maison à Assinie pour le dîner spécial, la maman de Mathieu parle avec lui:

–Mathieu, nous allons dîner à la maison de Kanye et Nia pour l'anniversaire de Jean. Nous avons un cadeau pour lui. Veux-tu donner ton uniforme de Drogba?

Mathieu pense pendant un moment.

–Oui, maman. Je voudrais lui donner l'uniforme. J'en ai beaucoup et Jean n'en a probablement pas beaucoup.

Avec sa famille, Mathieu marche à Assinie avec l'uniforme et le ballon de football. Il veut jouer au football avec Jean. Mathieu veut toujours jouer au football.

La famille de Mathieu arrive à la maison et immédiatement les deux garçons commencent à jouer au football. Les deux garçons sont très contents.

Jean dit –J'aime ton ballon de foot. Je n'en ai pas.

–C'est un ballon de foot du marché. Tu le veux? –demande Mathieu.

–Serieusement? Oui, j'aimerais ça.

Mathieu lui donne le ballon de foot. Les deux garçons vont à la salle à manger pour le dîner. La nourriture est délicieuse. C'est du *kedjenou*[7], un plat typique de la Côte d'Ivoire. C'est un ragoût. Dans le ragoût il y a du poulet et des légumes.

Après le dîner la maman de Jean parle:

–Jean, nous avons un cadeau spécial pour toi pour ton anniversaire. D'habitude, nous ne célébrons pas, mais comme tu aimes le football...

Les parents de Jean lui donne le maillot de Paris Saint-Germain avec le numéro 29 et le nom Mbappé au dos du maillot. Jean est surpris et très content!

–Merci, maman et papa. Merci!

---

[7] A traditional, slow-cooked spicy stew that is prepared with chicken or guinea hen and vegetables.

Jean met le maillot immédiatement. La maman de Mathieu voit quelque chose d'intéressant sur le maillot: les lettres M.A.S sur le col.

–Jean, je peux voir ton maillot? –demande la maman de Mathieu.

–Oui.

La maman de Jean examine le maillot. Avec un grand sourire, elle dit –Mathieu c'est TON maillot! Il y a les lettres M.A.S., les lettres de ton nom!

Toutes les personnes dans la maison parlent et tout le monde est très content de la nouvelle amitié entre les deux familles.

Mathieu parle à Jean et lui donne l'uniforme de Drogba:

–Jean, cet uniforme est aussi pour toi. Mbappé est le meilleur, mais Drogba est bon aussi.

–Merci, Mathieu.

Deux heures plus tard, la famille de Mathieu marche vers l'Hôtel L'Océan. Ils retournent à

Abidjan le lendemain. Avant de dormir, Mathieu parle à ses parents.

–Nous allons revenir à l'Hôtel L'Océan et à Assinie un jour?

–Oui, Mathieu. Nous venons en Côte d'Ivoire tous les étés. Pourquoi? –dit sa maman.

–Je veux revoir Jean.

–Très bien.

–Et, je veux apporter plus de vêtements. J'ai beaucoup de vêtements, de chaussures et d'uniformes et Jean en a moins que moi. Je veux partager.

La maman et le papa de Mathieu se regardent. Tous les deux ont un grand sourire parce qu'ils savent que leur fils apprend beaucoup plus que lire le français dans ce voyage en Côte d'Ivoire.

Le Glossaire

A

a- has
à- to/at/in
Abidjan- capital of
the Ivory Coast
d'accord- ok
acheté- bought
achètent- buy
acheter- to buy
actif- active (masc.)
activité(s)-
activity/activities
aéroport- airport
africain- African
agée- older
agriculture-
agriculture
ai- I have
j'ai- I have
aide- helps
aider- to help
aime- likes
aiment- like
aimerais- would like
aimerions- would like
aimes- like
aller- to go
allez- go
allons- go
alors- so
américain(s)-
american
ami(s)- friend(s)
amitié- friendship

amour- love
ananas- pineapple
anglais- english
année- year
anniversaire-
birthday
ans- years (old)
août- august
appelle- calls
qui s'appelle-
who calls
himself/herself
m'appelle- call
myself
apporte- brings
apporté- brought
apporter- to bring
apportons- we bring
apprend- learns
apprendre- to learn
apprennent- they
learn
appris- learned
après- after
après-midi-
afternoon
aquatiques- aquatic
argent- money
arrive- arrives
arrivent- arrive
as- have
asie- asia

Assinie- a coastal resort town in south-eastern Ivory Coast.
attraction- attraction
au- to the/at the/in the
aujourd'hui- today
aussi- also
autre(s)- another
autrement- differently
aux- to the/at the/ in the (plural)
avais- had
avant- forward (position played in soccer)
avant- in front/before
avec- with
avenue- avenue
avion- airplane
avons- have

B
banane(s)- banana(s)
ballon- ball
　　un ballon de football- soccer ball
ballot(s)- bundle(s)
bateau(x)- boat(s)
beau- beautiful
beaucoup (de)- a lot (of)
belle- beautiful

besoin- need
　　j'ai besoin- I need
bibliothèque- library
bien- well
bien sûr- of course
blanc(s)- white
bleu(e)(es)(s)- blue
bon(ne)(nes)- good
bon marché- cheap
bonjour- hello
boites- boxes
bord- edge
　　au bord- on the edge
bordeaux- maroon
bouteilles- bottles

C
ça- that,this,it
cacao- cocoa
cadeau- gift
café- cafe
capitale- capital
cas- case
cascades- waterfalls
célébrer- to celebrate
célébrons- celebrate
ce- this
ce sont- these
ces- these
c'est- it is
cet(te)- this
CFA- currency used in Ivory Coast
chambres- bedrooms
champs- fields

chance- luck
chaque- each
chaud- hot
chaussettes- socks
chaussures- shoes
chemin- way
chez- at the house of
chose- thing
cinq- five
circulation- traffic
classe(s)-
    class/classes
climat- climate
col- collar
coloré(es)- colorful
comme- like
commencent- start
comment- how
    Comment allez
    vous?- How are
    you? (formal)
    Comment ça va?-
    How are you?
    (informal)
comprend-
    understands
conducteur- driver
connais- know
construction-
    construction
content(e)(s) - happy
continue- continues
conversation-
    conversation
côte- coast
côté de- next to

courir- to run
cours- class
court- runs / short
cousin(s)- cousin(s)
crie- yells
cuisine- kitchen

D

d'accord- ok
dans- in
de- of, from
    de la- from the
décharge- unloads
décide- decides
délicieuse- delicious
demain- tomorrow
demande- asks
demie- half
dent- tooth
des-from/some
    des États-Unis
    from the United
    States
descend- goes down,
    gets off
descendent- go
    down, get off
désolée- sorry
deux- two
d'habitude- usually
différent(s)- different
difficile- difficult
dimanche- Sunday
diner- dinner

dioula- a language spoken in the Ivory Coast
direction- direction
discussion- discussion
disent- say/tell
dit- says
dix- ten
d'occasion- used /second hand
doivent- have to
donne- gives
donner- to give
dormir- to sleep
dos- back
   au dos- on the back
du- from/of/some

E

eau- water
école(s)- school(s)
économique- economic
écrire- to write
église(s)- church(es)
elle- she
elles- they (fem.)
employé- employee
en- in, at, to, of them
   nous en avons un- we have one of them

encore- still
   encore une fois- again
enfants- children
enfin- finally
énorme- enormous
ensemble- together
entraînement- practice
entre- enters
entrent - enter
entreprise- business
équipe(s)- team(s)
es- are
espace- space
est- is
   c'est- it is
est- east
et- and
état- condition
étudie- studies
étudient- study
étudions- let's study
européens- Europeans
examine- examens
excité- excited
expériences- experiences
explique- explains
explore - explores

F

facile(s) - easy
faire- to do
fais- you do

fait- does
   il fait du soleil- it
   is sunny
famille(s)-
   family/families
fatigué- tired
favori(s)- favorite
favorite- favorite
femme(s)-
   women/woman
fenêtre- window
ferme- closes
fière- proud
fille- girl, daughter
fils- son
fin- end
   à la fin- at the end
fois- time/instance
fonctionne- functions
foot/football- soccer
forêt- forest
frais- cool
français- french
frites- fried

G

gagne- wins
gagnent- win
gagner- to earn
garçon- boy
gens- people
géographie-
   geography
glace- ice cream

Goodwill- resale thrift
   store/organization
   in the U.S.
goûter- snack
grand(e)(s)- big
grand-mère-
   grandmother
grave- bad
grise- grey

H

habite- lives
habitent- live
haricots- beans
haut- top
heure(s)- o'clock/
   hour
heureux(se)- happy
histoire- history/story
hommes- men
hôtel- hotel

I

ici- here
il- he
ils- they
image- picture
immédiatement-
   immediately
incroyable-
   incredible
indigènes-
   indigenous
informelle- informal
intéressant(e)-
   interesting

intérêt- interest
invité- invited
ivoire- ivory
    Côte d'Ivoire-
    Ivory Coast
ivoirien/s- Ivorian
    (from the Ivory
    Coast)

J
je/j'- I
jeudi- Thursday
joue- plays
jouent- play
jouer- to play
jouets- toys
joueur(s)- player(s)
jour(s)- day(s)
journée- day
joyeuse- happy

L
l'-the/it
la- the (fem.)
là- there
lacrosse- lacrosse
langue(s)-
    language(s)
le /l'- the (masc.)
légumes- vegetables
lendemain- next day
les- the
lettres- letters
leur- their
libellules- dragonflies
lieux- places

ligue- league
lire- to read
lis- you read
lit- reads
livre- book
locaux- locals
lui- to him/her / him

M
ma- my
Madame- Mrs.
magasins- stores
maillot- jersey
maintenant- now
mais- but
maison(s)- house(s)
maman- mom
mangent- eat
mangeons- we eat
manger- to eat
marché(s)- market(s)
marche- walks
marchent- walk
marcher- to walk
mardi- Tuesday
match- game
matériaux- materials
mathématiques-
    math
matin- morning
me- me/to me
meilleur- best
mêmes- same
merci- thank you
mère- mother
mes- my

met- puts
midi- noon
mieux- better
minutes- minutes
moi- me
moins- less
mois- month
moment- moment
mon- my
monde- world
montagne/s - mountain/s
mot/s - word/s
musées- museums
musique- music

N

ne…..pas- not
nécessaire- necessary
ni- neither….nor
noir- black
nom- name
non- no
nord- north
normal- normal
normaux- normal (plural)
nourriture- food
nous- we
nouveau(x)- new
nouvelle- new
nouvelles- news
nuages- clouds
nuit- night
numéro- number

O

occcupée- busy
océan- ocean
officiel- official
on- one
ont- have
ordinaire- ordinary
organisations- organizations
organisent- organize
originaire- originally
ou- or
oui- yes
ouvrez- open

P

paie- pays
paniers- baskets
panneau(x)- sign(s)
papa- dad
papier- paper
papillons- butterflies
par- by/through
parce que - because
parents- parents
parfaite- perfect
parle- speaks/talks
parlent- speak/talk
parler- to speak/talk
parlons- speak/talk
partager- to share
partent- leave
particuliers- particular
partie- leaves
parties- parts

partons- we leave
partout- everywhere
pas- not
passe- spends (time)
passent- spend (time)
patron- boss
pays- country
pendant - while/during/for
pense- thinks
    pense au- thinks about
penser- to think
père- father
personne(s)- person/people
petit(e)(s)- small
peux- are able / can
pharmacie - pharmacy
piano - piano
pièces- rooms
plage - beach
plan- plan
plantain- banana
plantations- plantations
plastique- plastic
plat- dish
plus- more
    ne....plus- anymore
    plus tard- later
populaire(s) - popular

porte- wears
portent- wear
porter- to wear
position- position
possible- possible
poulet - chicken
pour- for/ in order to
pourquoi- why
pratique- practices
pratiquent - practice
pratiquer- to practice
prend- takes
prennent- take
prépare- prepares
préparer- to prepare
près- near
probablement - probably
problème- problem
produire- product
produit(s)- product(s)
professionnel- profesional
prononce- pronounces
provenance- source/origin
pyjamas- pajamas

Q
qu'- that
    qu'on- that one
quai- dock
quand - when
quantité- quantity
quatre - four

que - that
quel(le)- which/what
quel dommage- too
  bad/what a shame
quelque(s)- some
questions- questions
qui - who

R
ragoût- stew
réalité- reality
réception- reception
recevoir- to receive
récréation- recess
réel- real
regardant- looking
regarde- watches
regardent- look
regarder - to watch
région- region
régulier- regular
rendre- to return
rendre visite- to visit
  (someone)
rentrer- to reenter
répétez- repeat
répond- responds
répondent- respond
réponse- answer
repose- rests
ressemble- looks like
ressemblent- look
  alike
restaurant(s) -
  restaurant(s)
retournent - return

revendent - resell
revenir - to come
  back/return
revoir- to see again
rouge - red
royaume- kingdom
  Royaume-Uni-
  United Kingdom
rue(s) - street(s)

S
sa- his/her (fem.)
sac- bag
sac à dos- backpack
sais- know
sait- knows
salles de bains-
  bathrooms
salon- living room
salue- greets
saluent- greet
samedi- Saturday
saute- jumps
savent- know
scotch - tape
semaine(s) - week(s)
semblables- similar
s'entraine- practices
s'entraîner- to
  practice
se passe- happens
se prépare- gets
  ready for
se repose- rests
se regardent- look at
  each other

se ressemblent- look alike
serieusement - seriously
sert- serves
serveurs- servers
serveuse(s)- server(s)
ses- his/her (plural)
seulement - only
shirt(s)- shirt(s)
short- short
shorts- shorts
singes- monkeys
situation- situation
six- six
soeur- sister
soir- night
sol- ground
soleil- sun
solution- solution
son- his/her (masc.)
sont- are
sort- takes out/goes out
sortir- to go out
sourire- smile
sous-vêtements underwear
souvent- often
spectaculaire - spectacular
sport(s)- sport(s)
sud- south
suffisamment d'- enough

suffisant- sufficient
suis- am
super- super
sur- on
surplus- extra/surplus
surpris(e) - surprise/surprised
sympathiques - nice

T

ta - your (fem.)
tante - aunt
tard - late
tatie - auntie
taxi(s) - taxi(s)
te- you/to you
temps- time
terme- terms
terrain- land
    au terrain de foot- soccer field
toi- you
ton- your (masc.)
toujours - always
touristes - tourists
tous - all
    tous les jours- every day
tout(e)(s) - all
traditional - traditional
traditionelle - traditional
transpirent- sweat
travail - job/work

54

travaille - works
travaillent - work
travailler - to work
très- very
triste - sad
trois - three
trop - too (as in, too much)
tu - you
turquoise - turquoise
typique - typical

U

un - one, a (masc.)
une -one, a (fem.)
unforme/s - uniforme/s
unis, États Unis - united, United States
utilise - uses
utilisent - use
utiliser - to use

V

va- goes
vagues- waves
vais - go
valises - suitcases
vas - go
vend - sells
vendre- to sell
vendent - sell
vendre- to sell
venir - to come
venons - come

vent- wind
vers- towards
vert - green
vêtements- clothes
veulent - want
veut - wants
veux - want
vidéo(s)- video(s)
vie - life
vient- comes
village(s) - town(s)
ville(s)- city/cities
vision- vision
visite - visits
visitent - visit
visiter - to visit
voici- here is
voient- see
voilà- here is
voir- to see
voisins- neighbors
voit- sees
voiture - car
voix haute- aloud/ out loud
vont - go
votre - your
voudrais - would like
voulez - want
vous - you plural/formel
voyage - trip
voyager - to travel
vrai - true
vue- view

Y

y- there
   Il y a- there is/are

ABOUT THE AUTHOR

Jennifer Degenhardt taught high school Spanish for over 20 years. She realized her own students, many of whom had learning challenges, acquired language best through stories, so she began to write ones that she thought would appeal to them. She has been writing ever since.

If this book has served you, please check out the other titles by Jen Degenhardt available on Amazon:

La chica nueva
La chica nueva (the ancillary/workbook volume)
La chica nueva audiobook & Kindle
La niñera
El viaje difícil
Los tres amigos
La lucha de la vida
María María : un cuento de un huracán
The New Girl (*La chica nueva* in English for students learning English)
Three Friends (*Los tres amigos* in English)
María María : A Story of a Storm (*María María* in English)

Follow Jen Degenhardt on Facebook and Twitter @JenniferDegenh1, or visit the website, www.puenteslanguage.com to sign up to receive information on new releases and other events.

ABOUT THE TRANSLATOR

Theresa Marrama has taught middle and high school French for 11 years in Upstate New York. A teacher certified in both French and Spanish, she teaches her classes using Comprehensible Input (CI). She is an up-and-coming author of soon to be published comprehensible readers. Theresa enjoys writing comprehensible stories for language learners.

You can find some of her work on her TpT Store, The Compelling Language Corner :
https://www.teacherspayteachers.com/Store/The-Compelling-Language-Corner